1.

Matschepampe

Es regnet. Peppa und Schorsch müssen im Haus bleiben. Endlich hört es auf!
„Papa, können wir jetzt nach draußen?", fragt Peppa ungeduldig.
„Ja, gut", grunzt Papa Wutz.
„Ich mag Matschepampe", jubelt Peppa und springt in eine Pfütze.
„Peppa, wenn du in die Matschepfütze springst, musst du Gummistiefel anziehen", mahnt Mama Wutz und bringt Peppa ihre gelben Stiefel.

Da kommt Schorsch – auch er liebt Matschepampe.
„Schorsch – wenn du in die Matschepfütze springst, musst du Gummistiefel anziehen", ermahnt Peppa ihn wie ihre Mutter.
Schorsch holt brav seine roten Stiefel. Sie hüpfen durch die Pfützen, bis sie ganz außer Atem sind. Da entdeckt Peppa etwas.
„Schau mal – eine Riesenpfütze!" Schorsch will als Erster hineinspringen, aber Peppa hält ihn zurück.
„Halt, vielleicht ist sie zu tief für dich!", warnt sie und springt selbst hinein. Gut – es ist nicht zu tief. Aber warum weint Schorsch jetzt? Oh weh – Peppa hat ihn mit Matschepampe bespritzt!
„Ach, ist doch nur Schlamm", lacht Peppa. Da springt auch Schorsch kichernd in die Pfütze. Jetzt sieht Peppa genauso aus wie er – überall mit Matsch bespritzt. Dreckig, wie sie sind, tapsen sie zurück ins Haus.
„Du lieber Himmel!", stöhnt Papa.
„Papa, rate, was wir gemacht haben!", ruft Peppa.
Papa kratzt sich am Kinn und grübelt. „Habt ihr Fernsehen geschaut?"

„Neiiiin", kichern Peppa und Schorsch.
„Oder gebadet?"
„Nein, nein!"
„Ah – ich weiß", sagt Papa jetzt. „Ihr springt durch die Matschepfützen."
„Ja, ja", jubeln Peppa und Schorsch.
Dann wird Papa Wutz ernst. „Ho, ho, schaut mal, wie ihr ausseht!"
Erschrocken blicken Peppa und Schorsch an sich herunter.
„Nicht schlimm. Ist doch nur Matsch", beruhigt Papa und holt einen Schwamm.
„Papa, wenn wir wieder sauber sind – geht ihr, du und Mami, dann mit uns nach draußen?"
„Ja", grunzt Papa Wutz. „Wir spielen alle im Garten."
Wenig später läuft die ganze Familie nach draußen, natürlich in Gummistiefeln. Auch Mama und Papa lieben Matschepfützen. Fröhlich hüpfen alle zusammen in der größten herum, bis Papa Wutz auf einmal umfällt. Platsch! – liegt er im Matsch.
„Papa Wutz – was für eine Schweinerei!", quiekt Mama.
„Ist ja nur Matsch", meint Peppa beruhigend.
Da lacht Papa Wutz grunzend und gleich darauf wälzt sich die ganze Familie in der Matschepampe. Kann es etwas Schöneres geben?

Mein Wunschzettel für den Weihnachtsmann

Peppa und Schorsch überlegen, was sie sich zu Weihnachten wünschen. Machst du mit? Auf dem Zettel unten kannst du deine Wünsche für den Weihnachtsmann aufschreiben – mal sehen, ob sie in Erfüllung gehen …

Lieber Weihnachtsmann,

2.

Sausia ist weg

Schorschs Lieblingsspielzeug ist ein Dinosaurier. Er nennt ihn „Sausia“. Sausia ist überall mit dabei – sogar beim Mittagessen.

„Öörps“, ertönt ein lautes Geräusch. Schorsch verzieht verlegen den Mund.

„Warst du das etwa, Schorsch?“, fragt Mama Wutz entsetzt. „Oder war das der Saurier?“

„Sausia“, quiekt Schorsch. Da müssen alle lachen.

Sogar in die Badewanne kommt Sausia mit – und natürlich ins Bett.

Draußen spielt Schorsch gerne „fliegender Saurier“ und wirft Sausia immer wieder in die Luft.

„Hui!“, ruft er dabei begeistert.

Peppa und Papa Wutz spielen gerade im Haus, als Schorsch weinend herbeiläuft.

„Schorsch, was ist passiert?“, will Mama Wutz wissen.

„Sausia“, schluchzt Schorsch verzweifelt.

„Schorsch – suchst du etwa deinen Dinosaurier?“, fragt Papa Wutz mitfühlend.

Schorsch nickt. Er ist sooo traurig.

„Wir brauchen einen Detektiv“, erklärt Papa Wutz.

„Was ist ein De-di-tiv?“, will Peppa wissen.

„Ein Detektiv ist ein sehr gewitzter Mann und ein guter Sachensucher“, sagt Papa Wutz.

„Ich – ich!“, jubelt Peppa. „Ich kann gut Sachen suchen.“

„Vielleicht sollte der Detektiv Schorsch ein paar Fragen stellen“, schlägt Mama Wutz vor.

Peppa legt gleich los: „Schorsch, sag, wo ist dein Dinosaurier?“

Aber Schorsch weiß das doch nicht.
„Der Detektiv könnte versuchen zu erraten, wo Sausia steckt", meint Papa Wutz.
Peppa denkt nach. Zuerst sucht sie im Bad – aber da ist Sausia nicht. Na gut, dann vielleicht im Kinderzimmer? Schorsch würde niemals ohne seinen Saurier schlafen. Aber im Bett ist Sausia auch nicht.
„Vielleicht sollten wir im Garten nachsehen", überlegt Mama Wutz. Also laufen alle schnell nach draußen.
„Sausia ist futsch – ich geb's auf", seufzt Peppa schließlich unter dem Baum auf der Wiese.
Da meint Papa Wutz plötzlich: „Schorsch, du spielst doch so gerne fliegender Sausia. Vielleicht flog Sausia dieses Mal ein bisschen zu hoch?" Er schaut auf den Baum. Tatsächlich – oben auf einem Ast hat sich der Dinosaurier verfangen!
„Ich hab ihn zuerst gesehen", quiekt Peppa.
„Du bist wirklich eine gute Detektivin, Peppa", lobt Papa Wutz. Dann hebt er den Saurier vom Baum und gibt ihn Schorsch zurück.
„Sausia", quiekt Schorsch glücklich und alle freuen sich mit ihm.

Kunterbuntes Knopfarmband

Du brauchst:
- etwa 15 bis 20 Knöpfe in verschiedenen Farben
- durchsichtiges Gummiband
- Garn
- Satinband
- 2 Perlen oder Anhänger

1. Fädle die Knöpfe auf das Gummiband. Hierzu führst du es durch beide Löcher der Knöpfe: zuerst von unten nach oben und dann durch das andere Loch wieder nach unten.

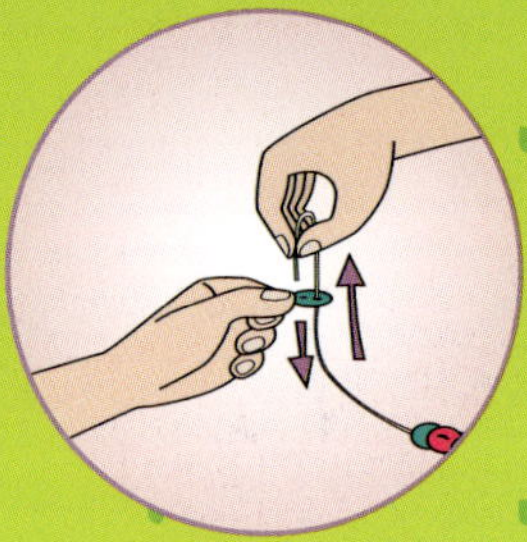

2. Hast du genug Knöpfe aufgefädelt, sodass das Band um dein Handgelenk passt? Dann binde es zu und schneide die überstehenden Gummiband-Enden ab.

3. Fädle nun je einen Knopf und eine Perle auf ein Stück Garn und knote es am Armband fest. Binde noch eine Schleife aus Satinband daran – fertig!

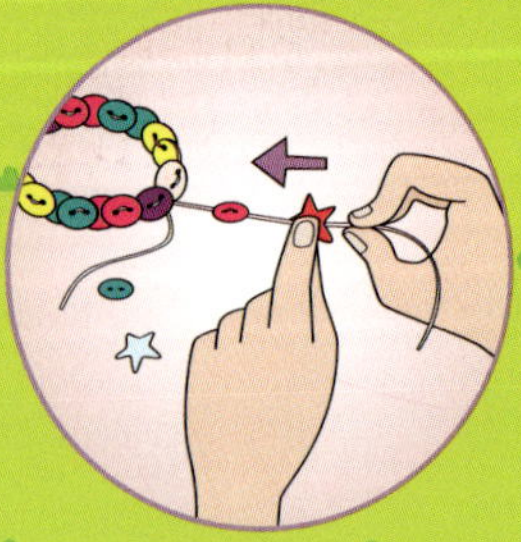

3.

Beste Freunde

Heute erwartet Peppa ihre beste Freundin Luzie Locke. Da klingelt es auch schon.
„Määh, hallo, Peppa!", grüßt Luzie. Sie wollen zusammen spielen und laufen gleich kichernd nach oben ins Kinderzimmer.
Schorsch würde auch gern mitspielen, aber Peppa und Luzie wollen ihn nicht dabeihaben.

„Nein, Schorsch", sagt Peppa energisch. „Das ist nur was für ganz große Mädchen. Geh und spiel mit deinen eigenen Sachen!"
Dann hüpft sie als Feenprinzessin durch ihr Zimmer und versucht, Luzie in einen Frosch zu verzaubern. Was für ein Spaß!
Schorsch möchte aber nicht alleine spielen und versucht noch einmal, Peppa und Luzie zu einem Ballspiel zu überreden. Aber wieder schickt Peppa ihn weg. Schorsch fühlt sich ein bisschen einsam.
Da ruft Mama Wutz nach ihm: „Schorsch – willst du mir helfen? Ich backe gerade Schokoladenkekse." Begeistert rennt Schorsch in die Küche und leckt den Teigrest aus der Schüssel. Er hilft Mama gerne beim Backen – aber noch lieber würde er mit Peppa spielen …
„Schooorsch", ertönt da ein Ruf von oben. Peppa und Luzie spielen jetzt Krankenhaus. Sie haben sich als Ärztin und Krankenschwester verkleidet. Fehlt nur noch der Patient. Wie gut, dass Schorsch auch gerne Krankenhaus spielt. Brav legt er sich ins Bett.
Peppa hört ihn ab. „Hmmm – ich glaube, dein Herz ist verrutscht. Ich mach mal ein Pflaster drauf."

Luzie misst bei Schorsch Fieber. „Oh, das ist aber hoch! Du musst im Bett bleiben – mindestens drei Jahre."
Da kommt Papa Wutz herein.
„Darf der Patient denn Besuch empfangen?", fragt er. Das darf Schorsch. Jetzt kommt auch Mama Wutz dazu. Sie hat die Schokoladenkekse mitgebracht.
„Die sind für Schorsch", sagt sie. „Mit der Medizin wird er bestimmt schnell wieder gesund." Kichernd verspeist Schorsch einen Keks.
„Ähm, Doktor, ich glaub, ich hab einen schlimmen Bauch", grunzt da Papa Wutz. Auch ihn hört Peppa ab.
„Ich kann ihn rumpeln hören", meint sie. „Das ist nur Hunger, Papa."
„Dann brauch ich wohl auch Kekse", brummt Papa Wutz vergnügt.
„Und ich", sagt Mama Wutz schnell.
„Und ich!" Kekse lässt Peppa sich nicht entgehen!
„Und ich, määäh!", kichert Luzie. Natürlich bekommt sie auch einen und dann hört man im Kinderzimmer nur noch ein genüssliches Knuspern.

Schnüffelspiel

Du brauchst:

- mehrere kleine Tassen
- Dinge, deren Duft für Weihnachten typisch ist, wie zum Beispiel Plätzchen, Schokolade, Zimt, Vanille, Tannennadeln, Mandarinenscheiben, Lebkuchen, Nüsse …

Peppa hat eine feine Nase und deshalb ist das Schnüffelspiel auch Peppas Lieblingsspiel in der Weihnachtszeit, wo es doch so viele feine und lecker duftende Köstlichkeiten gibt. Willst du es auch mal versuchen?

So geht's:
Befülle kleine Tassen mit deinen duftenden Utensilien.

In jeweils zwei Tassen kommt derselbe Inhalt. Stelle die Tassen auf einen Tisch.

Nun spielst du entweder alleine oder suchst dir Mitspieler.

Ziel ist es, die zusammengehörenden Paare zu finden. Dabei kommt es alleine auf den Geruchssinn an. Denn jetzt muss sich jeder Spieler die Augen verbinden und darf nur an den Tassen riechen.

Viel Spaß!

4.

Polly Piepmatz

Peppa und ihre Familie besuchen Oma und Opa Wutz.
„Hallo meine Kleinen“, begrüßt sie Oma Wutz freudig. „Kommt herein – wir haben was für euch!“ Was kann das wohl sein?
„Wir haben ein Haustier“, berichtet Oma Wutz stolz.
„Sausia?“, fragt Schorsch.
„Nein – keinen Dinosaurier“, grunzt Opa Wutz lachend. Oma und Opa Wutz haben … einen Papagei! Er heißt Polly Piepmatz. Und er spricht alles nach, was man ihm vorsagt!
„Feine Polly“, säuselt Oma Wutz leise. „FEINE POLLY!“, krächzt der Papagei laut. Peppa und Schorsch staunen. Wieso spricht der Vogel alles nach?

„So sind Papageien“, erklärt Mama Wutz und probiert es selbst aus.
„Hallo Polly“, sagt sie freundlich.
„HALLO POLLY“, kommt die Antwort.
Dann gibt es erst mal Omas leckeren Schokoladenkuchen für alle. Peppa und Schorsch lieben Schokokuchen, aber heute schlingen sie ihn schnell hinunter.
„Oma, dürfen wir jetzt bitte aufstehen und mit Polly Piepmatz spielen?“, bittet Peppa.
„Na, dann mal los!“, erlaubt Oma.
Peppa stürmt mit Schorsch ins Wohnzimmer. Polly sitzt brav auf ihrer Stange.
„Schorsch, sag etwas zu Polly!“, flüstert Peppa und schiebt ihren Bruder vor. Aber Schorsch hat ein bisschen Angst. Also muss Peppa es wohl selbst machen.
„Hallo!“, flüstert sie leise. „HALLO!“, krächzt Polly sofort.

Peppa und Schorsch kugeln sich lachend auf dem Boden. Auch das Lachen macht Polly nach. Wie komisch!
Jetzt ist Schorsch dran. Aber er kann ja noch nicht richtig sprechen. Also grunzt er – und Polly grunzt zurück! Peppa und Schorsch lachen sich kringelig. Sie tun so, als wären sie Papageien, hüpfen herum und wedeln mit den Armen, als wären es Flügel. Peppa überlegt, was sie Polly sonst noch beibringen könnte.
„Ich bin ein Plapper-Papagei – grunz", sagt sie schließlich. Kein Problem für Polly und wieder müssen Peppa und Schorsch lachen. Da kommen Oma, Opa, Papa und Mama ins Wohnzimmer.
„Polly ist so ein lieber Vogel", freut sich Oma. „Ich bin ein braves Mädchen", sagt sie dem Papagei vor. Es dauert einen Moment, dann kommt Pollys Antwort laut und deutlich: „ICH BIN EIN PLAPPER-PAPAGEI – GRRRUUUNZZZ!"
„Oh!", machen die Erwachsenen erschrocken. Peppa wird es heiß und kalt zugleich. Was hat sie nur angestellt?
Aber dann fängt Opa Wutz an zu lachen und steckt alle anderen damit an. Am lautesten lacht natürlich – Polly!

Knoten-Kuddelmuddel

Oh weh! Peppa und Schorsch sind gerade dabei, Weihnachtsgeschenke einzupacken, doch ins Geschenkband haben sich leider einige Knoten eingeschlichen. Erkennst du, wie viele Knoten es sind?

5.

Verstecken

Mama und Papa Wutz sitzen auf der Couch im Wohnzimmer und lesen. Peppa und Schorsch spielen Verstecken.
„1, 2, 3 …“, zählt Peppa laut.
Suchend schaut Schorsch sich um. Unter dem kleinen Tisch wäre doch ein gutes Versteck.

„… 9, 10, ich komme!“, quiekt Peppa.
Natürlich entdeckt sie Schorsch sofort. „Das war viel zu einfach“, ruft sie enttäuscht.
Nun darf Peppa sich verstecken.
„1, 3 … ähm“, beginnt Schorsch zu zählen. Mama hilft ihm, während Peppa nach oben rennt.
„1, 2, 3 …“ Als Mama bei „10“ angekommen ist, schickt sie Schorsch los.
„Och!“, macht Schorsch, als er unter dem kleinen Tisch nachschaut – hier ist Peppa nicht.
„Schorsch – schau doch mal oben nach“, schlägt Papa Wutz vor.
Schorsch saust los ins Kinderzimmer. Peppa ist nicht unter dem Bett. Hinter den Vorhängen ist sie auch nicht. Aber was hört Schorsch bloß für komische Geräusche?
„Hrrmpf, hihihi!“ Das kommt aus dem Spielzeugkorb. Richtig: Hier hat Peppa sich versteckt. Gefunden!
Rasch laufen die beiden zurück ins Wohnzimmer.
„Jetzt muss Papa sich verstecken“, findet Peppa. Aber der will lieber in seiner Zeitung lesen.
„Ich finde, Schorsch sollte sich noch einmal verstecken“, meint er.
„Aber Schorsch kann das noch gar nicht richtig“, nörgelt Peppa.
„Ganz bestimmt klappt es diesmal besser“, entgegnet Papa Wutz überzeugt.

Na gut! Peppa zählt – und Schorsch schlüpft wieder unter den kleinen Tisch.
„Oje, Peppa wird Schorsch sofort finden", seufzt Papa Wutz. Dann hat er eine Idee.
„... 9, 10, ich komme", ruft Peppa und sieht gleich unter dem Tischchen nach. Aber Schorsch ist gar nicht dort!
„Willst du denn nicht mal oben nachschauen?", fragt Papa Wutz mit unschuldiger Miene.
Doch im Kinderzimmer ist Schorsch auch nicht. Missmutig stapft Peppa zurück ins Wohnzimmer.
„Ich kann Schorsch einfach nicht finden", klagt sie.
„Oje, wo kann er nur sein?", säuselt Papa. Peppa schaut ihn aufmerksam an. Hat sich da nicht die Zeitung vor seinem dicken Bauch bewegt? Und gekichert?
„Sieh mal an – ich glaube, da steht etwas über Schorsch in der Zeitung", grunzt Papa Wutz. Da, schon wieder dieses Kichern und Rascheln! Und jetzt hält Schorsch es nicht mehr aus. Grinsend steckt er seinen Kopf über den Rand der Zeitung.
„Oh, Schorsch, das war ein tolles Versteck", lacht Mama Wutz. Und auch Peppa findet es sehr komisch. Das war wirklich nicht einfach zu finden!

Leckerer Kinderpunsch

Du brauchst:

- 1 l schwarzen Johannisbeersaft
- 1 l Apfelsaft
- 4 Orangen
- 1 Zitrone
- 1 kleine Zimtstange
- 2 Gewürznelken
- Zucker

1. Nimm einen Topf und gieße Johannisbeersaft und Apfelsaft hinein.

2. Presse die Orangen und die Zitrone aus. Gieße diesen Fruchtsaft ebenfalls in den Topf.

3. Gib noch die Zimtstange und Gewürznelken hinzu. Schmecke dein Getränk je nach Belieben mit Zucker ab.

4. Rühre alles gut um und erhitze den Punsch. Nimm zum Schluss die Zimtstange und die Gewürznelken wieder heraus. Fertig!

6.

Im Kindergarten

Heute ist Schorschs erster Tag im Kindergarten. Papa Wutz fährt Peppa und Schorsch mit dem Auto hin.

Peppa überlegt: „Papa, vielleicht ist Schorsch doch noch zu klein."

„Es wird schon gehen", beruhigt Papa Wutz sie. „Du bist dabei und Sausia ist ja auch noch da."

„Aber ich möchte auch mit den großen Kindern spielen", sagt Peppa bestimmt. Vor dem Kindergarten fragt sie noch einmal: „Papa, bist du sicher, dass Schorsch groß genug ist?"

„Er wird's schaffen", grunzt Papa überzeugt. „Bis bald!"

Peppa und Schorsch gehen rein zu den anderen Kindern.

„Hallo", sagt Peppa verlegen. „Das ist mein kleiner Bruder … Schorsch."

„'allo, Schorsch", begrüßt sie die Kindergärtnerin Madame Gazelle, die aus Frankreich kommt. Deshalb klingt ihre Aussprache so lustig.

Klausi Kläff findet Sausia toll. „Spitze – wuff!", bellt er.

„Ist doch bloß ein Spielzeugsaurier", meint Peppa von oben herab.

Schorsch zeigt seinen Saurier auch Madame Gazelle. „Sausia – grrr!", grollt er.

„Ah – wirklisch schaurisch", erschreckt sie sich. Die Kinder lachen.

„Das ist echt spitze", findet Klausi.

Da rennt Peppa schnell zu Schorsch. „Das ist mein Bruder, und er ist spitze", sagt sie stolz.

Jetzt ist Zeit zum Malen.

„Schorsch ist nicht so gut im Malen", erklärt Peppa wichtig.

„Vielleischt könntest du ihm 'elfen?", schlägt Madame Gazelle vor.

Und ob Peppa das kann, schließlich ist sie sehr gut im Malen. Sie

will Schorsch beibringen, wie man eine Blume malt. Zuerst einen Kreis – so, dann die Blütenblätter, den Stiel und die Blätter. Aber was macht Schorsch? Den Kreis in der falschen Farbe, die Blütenblätter nur Striche? So geht das doch nicht!
„Schorsch, du hast gar nicht zugehört!", schimpft Peppa.
Aber Madame Gazelle ist ganz begeistert von den beiden Bildern – Peppas rosa Blümelein und Schorschs grünem … Dinosaurier!
„Sausia", sagt er stolz.
„Isch finde, wir sollten die Bilder von Peppa und Schorsch an die Wand 'ängen", sagt Madame Gazelle. Da ist Peppa sehr stolz – auf ihr Bild und auf ihren Bruder.
„Kann Schorsch denn wohl wiederkommen?", will sie wissen.
„Ja, natürlisch", sagt Madame Gazelle. „Und was malst du beim nächsten Mal, Schorsch?"
„Sausia", kommt die Antwort sofort. Aha, noch ein Dinosaurierbild!
„Spitze", bellt Klausi Kläff.
„Ja, spitze", versichert Peppa ebenfalls.
„Ssspitze", quiekt da auch Schorsch und sorgt für fröhliches Gelächter bei allen.

Weihnachtsgedicht vom Christkind

Vom Christkind

Denkt euch, ich habe das Christkind gesehen!
Es kam aus dem Walde, das Mützchen voll
Schnee, mit rot gefrorenem Näschen.
Die kleinen Hände taten ihm weh,
denn es trug einen Sack, der war gar schwer,
schleppte und polterte hinter ihm her.
Was drin war, möchtet ihr wissen?
Ihr Naseweise, ihr Schelmenpack –
denkt ihr, er wäre offen der Sack?
Zugebunden bis oben hin!
Doch war gewiss etwas Schönes drin!
Es roch so nach Äpfeln und Nüssen!

Anna Ritter

7.

Mama Wutz muss arbeiten

Mama Wutz arbeitet am Computer. Papa Wutz kocht das Mittagessen. Da kommen Peppa und Schorsch in die Küche.
„Papa, dürfen wir Mama bei ihrer Arbeit zuschauen?“, fragt Peppa.
„Ja, aber nur, wenn ihr sie nicht stört“, erlaubt Papa. Mama Wutz hat heute eine Menge zu erledigen. Fleißig tippt sie auf der Tastatur.
„Mama, dürfen Schorsch und ich auf deinen Schoß, während du schreibst?“, will Peppa wissen.

„Ja – wenn ihr ganz still sitzt“, antwortet Mama und tippt weiter.
Peppa und Schorsch schauen zu, aber das wird langweilig.
„Mama, dürfen wir ‚Das Huhn hat zu tun‘ auf deinem Computer spielen?“, fragt Peppa. Doch das geht jetzt nicht – Mama muss erst zu Ende arbeiten.
„Mama, dürfen wir mithelfen?“, heißt Peppas neue Frage – und schon tippt sie wild auf die Tasten des Computers.
Jetzt wird Mama doch ärgerlich: „Peppa, Hände weg vom Computer! Und Schorsch, das gilt für dich ganz genauso!“
„Ja, Schorsch, mach bloß nicht so was“, belehrt Peppa ihren kleinen Bruder – und haut wieder auf die Tasten.
„Peppa, nein!“, schimpft Mama.
„Tschuldigung, ich wollte Schorsch doch nur zeigen, was er nicht tun darf“, erklärt Peppa. Aber jetzt blinkt auf einmal der Bildschirm wie wild und der Computer piept nur noch. Auweia!
Mama Wutz ruft Papa Wutz zu Hilfe. Er soll den Computer reparieren, während sie in der Küche nach dem Essen schaut.
Papa Wutz ist eigentlich nicht besonders gut in so etwas.

„Hmmm, manchmal hilft einfach ausschalten … und dann wieder einschalten“, brummt er und probiert es. Glück gehabt, der Computer läuft wieder.

Peppa und Schorsch hüpfen froh auf Papas Schoß.

„Dürfen wir jetzt ‚Das Huhn hat zu tun‘ spielen?“, fragt Peppa. „Mama hat gesagt, wir dürfen.“

„Na, wenn das so ist“, grunzt Papa Wutz zustimmend. Schorsch holt schnell die Diskette. Das macht so viel Spaß, wenn das Huhn über den Bildschirm läuft und Eier legt. Dabei macht es immer ein Pupsgeräusch. Papa Wutz, Peppa und Schorsch lachen sich kaputt.

„Was ist denn da oben los?“, horcht Mama Wutz in der Küche und geht ins Arbeitszimmer. „Wie ich sehe, läuft der Computer wieder“, sagt sie erfreut.

In dem Moment schlüpfen aus allen Eiern auf dem Bildschirm kleine Hühnchen und machen drollige Geräusche. Der folgende Kicheranfall von Papa Wutz, Peppa und Schorsch steckt auch Mama an – eine Pause kann sooo lustig sein!

Schattentheater

Peppa spielt mit ihren Freunden Schattentheater.
Kannst du erkennen, welcher Schatten zu wem gehört?

8.

Schweinchen in der Mitte

Schorsch spielt im Garten Ball. Er ist noch etwas ungeschickt. Peppa möchte auch gern spielen. „Schorsch, du machst das ganz falsch!", sagt sie streng und zeigt ihm, wie es geht – hochwerfen, auffangen, ganz einfach. Peppa lacht Schorsch ein bisschen aus.

Doch jetzt hat Schorsch sich den Ball geschnappt und rennt los.

„Komm zurück, du Babyschweinchen!", schimpft Peppa und läuft ihm nach. Schwupp – hat sie Schorsch den Ball schon wieder abgenommen.

Da kommt Mama Wutz dazu. Sie hat eine gute Idee.

„Ich kenne ein Spiel, bei dem man Fangen lernen kann – Schweinchen in der Mitte." Mama stellt sich zwischen Peppa und Schorsch, die sich den Ball zuwerfen sollen. Mama wird versuchen, ihn zu fangen.

„Ich bin das Schweinchen in der Mitte", lacht sie. Das finden Peppa und Schorsch sehr lustig. Peppa wirft den Ball zu Schorsch. Prima – er hat ihn gefangen. Jetzt muss er zurückwerfen. Das klappt leider gar nicht gut. Er kann den Ball nicht an Mama Wutz vorbeiwerfen. Doch Schorsch ist schlau – er krabbelt unter Mama Wutz hindurch und bringt Peppa den Ball.

„Dummer Schorsch", lacht Peppa. „Das kann ich doch auch!" Aber Peppa ist zu groß, sie bleibt unter Mama stecken. Da schnappt Mama Wutz sich den Ball. Jetzt ist Peppa das Schweinchen in der Mitte.

Mama wirft zu Schorsch, Schorsch fängt, aber das Werfen klappt noch immer nicht. Peppa erwischt den Ball. Also muss Schorsch in die Mitte.

Ein paarmal werfen Mama und Peppa den Ball hin und her, ohne dass Schorsch ihn fängt. Mama will ihm helfen, indem sie nicht so hoch wirft. Peppa streckt ihm den Ball sogar ganz nah hin. Doch kurz bevor Schorsch ihn fassen kann, wirft sie ihn doch noch hoch in die Luft. Wie gemein! Schorsch weint und Mama schimpft:

„Peppa, du sollst Schorsch nicht so ärgern!"

„Tschuldigung, Schorsch", murmelt Peppa.

Da kommt auch Papa Wutz in den Garten.

„Papa, Schorsch kann leider noch nicht ‚Schweinchen in der Mitte' spielen", beschwert sich Peppa.

„Oh, ich bin sicher, er schafft es", meint Papa und hebt Schorsch hoch. Peppa wirft – und Schorsch fängt wirklich den Ball.

„Das ist unfair", grunzt Peppa beleidigt. Aber dann hat sie eine Idee: Wenn Papa Schorsch hilft, muss Mama eben ihr helfen. Das macht Mama gerne und nimmt Peppa huckepack. Jetzt können sie alle zusammen Ball spielen und haben viel Spaß dabei.

Fantastischer Traumfänger

Du brauchst:

- 40 cm Peddigrohr (bekommst du im Bastelgeschäft)
- Satinband
- 2 bis 2,5 m Perlgarn
- Perlen
- Federn
- Schere

1. Binde die Enden des Peddigrohrs mit einem Stück Perlgarn zusammen.
2. Wickle das Satinband sauber und eng anliegend um den Ring.
3. Befestige das Garn an einer Stelle und schlinge es ein paarmal locker um den Ring, bis du wieder am Anfang angekommen bist. In der zweiten Reihe schlingst du den Faden um die Schlaufen, die sich in der ersten Reihe gebildet haben. So machst du bis zur Mitte weiter.
4. Fädle in der Mitte eine Perle auf den Faden und schiebe sie so weit wie möglich nach oben. Mach einen Knoten darunter und schneide den restlichen Faden ab.
5. Schmücke deinen Traumfänger mit Perlen und Federn, wie es dir gefällt. Fertig!

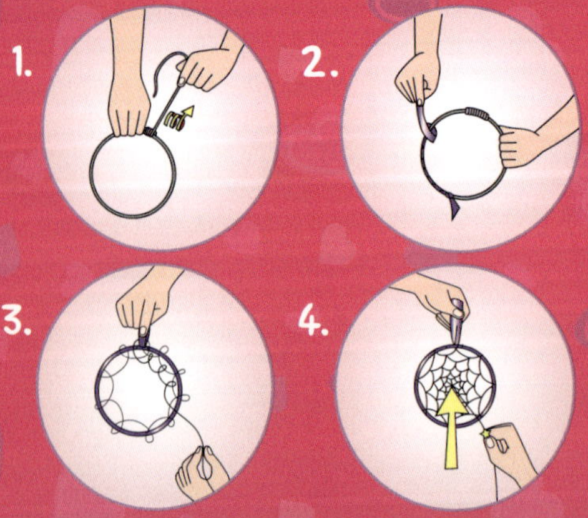

9.

Papa Wutz sucht seine Brille

Papa Wutz trägt eine Brille. Wenn er seine Brille trägt, dann sieht er klar. Ohne Brille kann er alles nur unscharf und verschwommen sehen. Darum muss Papa Wutz immer wissen, wo seine Brille ist. Peppa und Schorsch spielen gerade im Garten, als Mama Wutz herbeikommt.

„Peppa, Schorsch, habt ihr denn wohl Papas Brille gesehen?", fragt sie. „Er kann sie nirgendwo finden." Aber Peppa und Schorsch wissen nicht, wo Papas Brille ist.

„Oje", seufzt Mama Wutz. „Papa kann ohne die Brille gar nichts sehen. Und das macht ihn sehr grantig."

Ohne seine Brille kann Papa Wutz seine Zeitung nicht lesen.

„Ich erkenne nichts", schimpft er. „Jemand muss meine Brille verbummelt haben. Wenn ich sie nicht trage, ist sie immer in meiner Tasche, aber da ist sie nicht!"

Peppa und Schorsch wollen bei der Suche helfen.

„Gute Idee, Peppa", stimmt Mama zu. „Wenn du sie findest, ist Papa bestimmt nicht mehr so grantig."

„Ich bin nicht grantig", grunzt Papa Wutz grantig.

Peppa und Schorsch machen sich auf die Suche. Unter der Zeitung – nein! Auf dem Fernseher – auch nicht.

„Lass uns mal oben im Schlafzimmer nachsehen", schlägt Peppa vor. Die beiden laufen nach oben.

„Schorsch, pass auf, dass du hier nichts umstößt", sagt Peppa. Ups, da hat sie wohl selbst nicht aufgepasst, beinahe hätte sie Mamas gute Vase umgelaufen. Jetzt schaut sie unter den Kopfkissen im Bett nach – aber da ist Papas Brille leider nicht. In den Haus-

schuhen auch nicht, die müffeln bloß ein bisschen … Peppa und Schorsch suchen auch im Badezimmer. Aber die Brille ist nicht in der Badewanne – und nicht in der Toilette.
„Die Brille ist futsch", stellt Peppa fest. Sie können sie nirgendwo finden. Alle sind besorgt.
„Ich muss dann wohl in Zukunft ohne sie auskommen" meint Papa Wutz traurig und steht aus seinem Sessel auf. „Ich werde sehr vorsichtig laufen müssen."
Da zeigt Peppa auf den Sessel: „Da ist sie! Papas Brille!"
Papa Wutz hat die ganze Zeit auf ihr gesessen und es nicht bemerkt! Er wird ein bisschen rot vor Verlegenheit.
„Schusselpapi", kichert Peppa. Schnell setzt Papa Wutz seine Brille wieder auf.
„Du magst schusselig gewesen sein, Papa Wutz, aber dafür bist du jetzt nicht mehr grantig", freut sich Mama Wutz.
„Ich war doch gar nicht grantig", protestiert Papa. Da müssen alle lachen und sind froh, dass die Brille wieder da ist.

Bilderchaos

Huch, dieses Bild ist ganz schön durcheinandergeraten! Ordne die Streifen wieder in die richtige Reihenfolge, um herauszufinden, was Peppa und ihre Familie im Schnee am liebsten machen.

10.

Gartenarbeit

Peppa und Schorsch besuchen heute Oma und Opa Wutz in ihrem großen Garten.
„Opa – was machst du gerade?“, fragt Peppa.
„Ich pflanze diese Samen ein“, erklärt Opa. „Daraus werden Blumen. Ich bohre ein kleines Loch in die Erde und lege den Samen rein. Dann decke ich Erde drüber und begieße sie.“
Peppa und Schorsch schauen gespannt zu.
„Jede Pflanze in meinem Garten stammt aus solchen kleinen Samen“, erzählt Opa weiter.
„Auch der Apfelbaum?“, staunt Peppa.
Ja – auch der. Opa berichtet, wie aus dem Samen erst ein kleines Pflänzchen und dann ein großer Baum wird. Oh! Ein Apfel ist ihm auf den Kopf gefallen.

„Autsch!“, ruft Opa und fängt den Apfel geschickt auf. Dann beißt er hinein – mmmh, lecker!
„Opa, ich möchte auch was pflanzen!“ Peppa läuft zurück zu Opas Gartenbeet.
„Wie wäre es denn mit einem Erdbeersamen?“, schlägt Opa vor.
Das findet Peppa prima und macht es wie Opa: zuerst ein Loch, dann den Samen hinein, Erde darauf und gießen.
„Gut“, lobt Opa. „Und nun brauchen wir etwas Geduld.“
Peppa und Schorsch starren auf die Erde. Sie wollen warten, bis der Samen sprießt.
„Es passiert überhaupt nichts“, beschwert sich Peppa.
Opa lacht. Er weiß, dass es sehr lange dauert, bis etwas wächst.
Mama Wutz ruft nach Peppa und Schorsch, weil es Zeit ist, nach Hause zu fahren.

„Aber ich wollte doch Erdbeeren – jetzt!", protestiert Peppa. Opa Wutz tröstet sie – beim nächsten Besuch ist die Pflanze bestimmt gewachsen. Er sorgt gut für Peppas Pflänzchen, bis er nach einiger Zeit eine Entdeckung macht.
„Erdbeeren!", freut er sich. Wie gut, dass Peppa und Schorsch heute wieder zu Besuch kommen. Sie sind sehr gespannt auf ihre Pflanze. Stolz pflückt Opa ihnen die ersten Erdbeeren ab.
„Danke, Opa", jubelt Peppa und verspeist die Erdbeere mit Genuss. Jetzt ist Schorsch an der Reihe, etwas zu pflanzen. Er darf sich etwas aussuchen.
„Sag ‚Karotten', Schorsch!", bestimmt Peppa. Aber Schorsch verzieht missmutig den Mund. Er hat eine bessere Idee. Was buddelt er da nur für ein tiefes Loch? Dann läuft er los und holt etwas!
„Sausia", quiekt er stolz und gräbt seinen Saurier ein. Schorsch will einen Dinosaurierbaum pflanzen!
„Dummer Schorsch", kichert Peppa. „Saurier wachsen doch nicht an Bäumen!" Doch obwohl alle lachen, lässt Schorsch sich nicht beirren. Er gießt seinen Saurier sorgfältig. Man weiß ja nie …

Doppelgänger gesucht!

Peppa ist einfach einzigartig! Aber was ist das?! Hier hat sich ein Doppelgänger eingeschlichen! Findest du das Bild, das es zwei Mal auf dieser Seite gibt?

11.

Schluckauf

Peppa, Schorsch, Mama und Papa Wutz frühstücken. Peppa und Schorsch können es kaum erwarten, im Garten zu spielen. „Ihr könnt nach draußen gehen, wenn ihr gefrühstückt habt", erlaubt Mama Wutz. Schnell löffelt Peppa ihre Cornflakes und trinkt ihren Saft. Schorsch macht es ihr nach.

„Schorsch, trink den Saft nicht so schnell" mahnt Papa Wutz. Zu spät! „Hicks", macht Schorsch. Und wieder: „Hicks." Er hat einen Schluckauf!

Im Garten wollen die beiden Ball spielen. Doch mit Schluckauf ist das gar nicht so einfach. „Hicks", macht Schorsch und lässt den Ball fallen. Noch einmal „Hicks" – beim Werfen fliegt der Ball viel zu hoch und fällt Peppa danach auf den Kopf.

„Schorsch, ich weiß, wie der Schluckauf weggeht", sagt Peppa. „Reib dir gleichzeitig den Kopf und den Bauch."

Schorsch macht es brav, aber … „Hicks!" Peppas Anti-Schluckauf-Kur scheint nicht zu wirken. Also ein neuer Versuch. Schorsch soll dreimal in die Luft springen – auf einem Bein. Dann mit den Armen wedeln und die Zunge herausstrecken. Jetzt noch die Augen schließen und sich dreimal schnell im Kreis drehen. Puh – Schorsch ist es schwindelig. Er kippt auf die Wiese und … „Hicks." Peppas neue Anti-Schluckauf-Kur wirkt auch nicht!

„Ich hab's", jubelt Peppa. „Schluckauf geht vorbei, wenn man das kranke Schweinchen erschreckt! Schorsch, ich werde dich jetzt erschrecken, aber vergiss nicht, es ist nur ein Spiel!"

Schorsch sieht Peppa unsicher an. Plötzlich grunzt Peppa, so laut sie kann.
Erschrocken beginnt Schorsch zu weinen. Mama Wutz tröstet ihn. „Peppa, mach nicht so wilde Spiele mit Schorsch. Er ist noch klein!", schimpft sie.
„Tut mir leid, Mama. Ich wollte nur, dass sein Schluckauf weggeht", entschuldigt sich Peppa. Aber der Schluckauf ist tatsächlich weg! Schorsch grunzt wieder fröhlich.
Papa Wutz kommt mit zwei Bechern Saft.
„Schorsch, du sollst nicht so schnell trinken, sonst hast du gleich wieder Schluckauf", lacht Mama Wutz.
„Ich bin nicht so klein wie Schorsch. Ich kann meinen Saft so schnell trinken, wie ich will", meint Peppa und trinkt den Becher auf einen Zug leer. „HICKS." Uups …
Jetzt ist es Schorsch, der lacht, und Mama und Papa Wutz stimmen mit ein. Zuerst ist Peppa ja sauer, aber dann muss sie auch über den komischen Hicks kichern. Lachen ist doch die beste Medizin …

Weihnachtsgedicht vom Christkind

Weihnachten

Markt und Straßen schön geschmückt,
wunderbar leuchtet jedes Haus,
singend laufen Kinder durch die Straßen,
alles sieht sehr festlich aus.
An den Fenstern haben Menschen,
bunte Lichter froh geschmückt,
alle Menschen stehn und schauen,
sind ganz wunderbar beglückt.
Weihnachten bringt uns frohe Zeiten,
immer wieder, jedes Jahr,
froh sollen alle werden,
Weihnachten ist einfach wunderbar.

Joseph Freiherr von Eichendorff

12.

Fahrradfahren

Heute ist ein sonniger Tag – genau richtig für eine Radtour. Peppa und Schorsch radeln vorbei an Mama und Papa Wutz. Die bewundern gerade Papa Wutz' riesigen Kürbis.

„Das ist wirklich ein dicker Otto", grunzt Papa Wutz stolz. „Das gibt einen ordentlichen Kürbiskuchen."

Auf dem Hügel treffen Peppa und Schorsch Klausi Kläff, Luzie Locke und Luisa Löffel. Sie sind auch mit dem Fahrrad unterwegs.

„Wer als Erster bei dem dicken Kürbis ist", schlägt Klausi ein Wettrennen vor.

„Aber seid vorsichtig, der darf nicht kaputtgehen!", mahnt Peppa.

Die Kinder sausen los. Zum Glück geht alles gut.

„Guckt mal, wie langsam Schorsch fährt", macht sich Peppa über ihren Bruder mit dem Dreirad lustig. „Er fährt ja noch ein Babyfahrrad."

„Wuff – du hast auch ein Babyfahrrad", bellt Klausi Kläff. „Du brauchst ja noch Stützräder."

„Ich kann schon ohne Stützräder fahren", meldet sich Luisa.

„Ich auch!", blökt Luzie.

Das ist Peppa ganz schön peinlich. Sie fährt nicht mit den anderen zurück. Wie gut, dass Papa Wutz in der Nähe ist und die Stützräder abmacht!

„Willst du wirklich ohne die Stützräder fahren?", fragt Mama Wutz erstaunt.

„Jawohl, ich krieg das ganz bestimmt hin", ist Peppa sicher. Sie steigt auf, ohhh!, das wackelt aber.

Papa Wutz kommt Peppa zu Hilfe. Er hält sie erst fest beim Fahren

und läuft mit, aber dann kann Peppa es alleine. Sie hat gar nicht bemerkt, dass Papa sie losgelassen hat.
„Du kannst ja schon ganz gut alleine fahren", lobt Papa.
„Ja, yippieh!", jubelt Peppa und radelt zu ihren Freunden. Das nächste Rennen kann starten.
„Wer als Erster beim Kürbis ist!", ruft Peppa und ist schon unterwegs – viel zu schnell!
„Peppa, Achtung, der Kürbis!", ruft Papa Wutz, aber Peppa schaut nicht, wo sie hinfährt.
Auweia – Peppa macht eine Vollbremsung, fliegt über den Lenker und … oje, Peppa hat Papas Kürbis zermatscht.
„Tut mir leid, Papa, jetzt ist er kaputt", murmelt Peppa.
Aber Papa tröstet sie. „Der Kürbis ist egal. Hauptsache, du bist nicht kaputt", grunzt er. „Von jetzt an passt du aber auf, wohin du fährst." Das verspricht Peppa.
„Nun ja", meint Papa Wutz. „Jetzt, wo der Kürbis kaputt ist, können wir ja einen Kuchen daraus backen." Damit sind alle einverstanden.
„Und weil Papas Kürbis so ein dicker Otto ist, wird es auch bestimmt genug Kuchen für alle geben", fügt Mama Wutz hinzu.
Hurra!

Süße Schneemänner

Du brauchst:

Zutaten Teig:

- 500 g Mehl, 30 g Hefe, 60 g Zucker, 250 ml Milch, 60 g Butter, 1 Ei, 1 Prise Salz

Verzierung:

- weiße Kuvertüre, Lebkuchen, Pfeffernüsse, Kokosflocken, Zuckerschrift, Zuckerperlen, Marzipanmöhre

Außerdem:

- Backpapier, Zahnstocher

1. Löse die Hefe in lauwarmer Milch auf. Vermenge alle Zutaten, bis sich der Teig vom Schüsselrand löst. Lass den Teig 30 Minuten ruhen.

2. Forme aus dem Teig fünf große und fünf kleine Kugeln. Lege sie auf ein mit Backpapier ausgelegtes Blech. Backe die Kugeln bei etwa 180 Grad, bis sie sich leicht goldbraun färben. Danach abkühlen lassen.

3. Bestreiche die Kugeln ringsherum mit weißer Kuvertüre und wälze sie in Kokosflocken. Lass sie trocknen.

4. Male mit Zuckerschrift ein Gesicht auf die kleine Kugel und bringe die Marzipanmöhre als Nase an. Befestige mit Kuvertüre Zuckerperlen als Knöpfe auf der großen Kugel.

5. Stecke erst Lebkuchen und Pfeffernuss als Hut mit einem Zahnstocher zusammen. Dann befestigst du Hut, Kopf und Körper ebenfalls mit Zahnstochern. Fertig!

13.

Geheimnisse

Mama Wutz hat ein Geschenk für Peppa – eine Schachtel.
„Darin kannst du geheime Sachen aufbewahren“, erklärt Mama.
Ah – Peppa weiß auch schon, was sie in die Schachtel packen wird. Aber das wird keinem verraten.
„Geheimes Geheimnis“, grinst sie und rennt ins Kinderzimmer.
Stolz zeigt sie Schorsch ihre Schachtel.

„Ich muss jetzt ein echtes Geheimnis in die Geheimschachtel tun“, erklärt sie ihm wichtig. Dann schickt sie ihn kichernd aus dem Zimmer.
Wenig später öffnet sie die Tür und präsentiert Schorsch die Schachtel. Etwas rappelt darin.
Schorsch würde gerne wissen, was in Peppas Geheimschachtel ist. Na gut, er kann ja mal raten!
„Sausia?“, quiekt Schorsch fragend.
Warum sagt Schorsch nur immer zu allem „Dinosaurier“? Der passt doch sowieso nicht in die Geheimschachtel.
Papa Wutz findet Peppas Schachtel auch sehr schön.
„Was ist drin?“, fragt er neugierig.
„Das ist doch geheim!“, klärt Peppa ihn auf.
Ach ja, richtig! Papa Wutz rät: vielleicht seine Brille? Nein, die sitzt doch auf seiner Nase. Dummer Papa.
Im Wohnzimmer treffen die beiden Mama Wutz und Schorsch. Oh, Schorsch hat ja auch eine Geheimschachtel bekommen!
„Für seine geheimen Sachen“, sagt Mama. Auch in Schorschs Schachtel rappelt etwas.
Peppa möchte gern wissen, was darin ist – bestimmt sein Dino.
„Nein“, quiekt Schorsch.

Was ist es dann? Jetzt findet Peppa Geheimnisse nicht mehr so toll. Mama schlägt vor, dass sie sich gegenseitig ihre Geheimnisse zeigen. Papa Wutz zählt bis drei. Dann holt Peppa eine Trompete heraus und Schorsch eine Trommel. Das gibt ein tolles Konzert. Schorsch holt noch etwas aus seiner Schachtel – einen Kringelkeks. Peppas Schachtel ist schon leer.

„Ich hab nichts mehr drin", murmelt sie enttäuscht.

„Aber ich habe noch etwas", ruft Mama Wutz und kommt mit noch mehr Kringelkeksen herbei. Die mögen alle unheimlich gerne.

„Ich hab keine Geheimschachtel", überlegt Papa Wutz. „Aber ich weiß ein gutes Versteck für meinen Kekskringel."

„Ist das vielleicht der Kühlschrank?", rät Peppa.

„Nein", grunzt Papa. „Es ist ein geheimer Ort – mein Bauch!" Und happs – ist der Keks verschwunden. Wie gut, dass Mama, Peppa und Schorsch auch so einen geheimen Bauch haben! Da sind Kringelkekse wirklich am besten aufgehoben!

Wettlauf zum Weihnachtsgeschenk

Juhu, Peppa hat einen Haufen Weihnachtsgeschenke entdeckt! Schorsch will schnell zu ihr, damit sie die Geschenke zusammen auspacken können. Aber zuerst muss er den richtigen Weg finden. Hilfst du ihm dabei?

14.

Himmelsdrachen

Familie Wutz macht einen Ausflug in den Park. Peppa und Schorsch wollen einen Drachen steigen lassen. Schorsch läuft los, so schnell er kann. Den Drachen zieht er an der Schnur hinter sich her. Aber der Drachen fliegt nicht.

„Schorsch, du machst das ja ganz falsch", schimpft Peppa. „Jetzt bin ich dran." Dann läuft auch sie mit dem Drachen los. Aber der will immer noch nicht fliegen.

„Der Drachen fliegt nicht, wenn kein Wind weht", erklärt Papa Wutz. Peppa und Schorsch sind enttäuscht.

„Da müssen wir wohl warten, bis ein bisschen Wind aufkommt", tröstet Mama Wutz. Zum Glück dauert das nicht lange. Jetzt kann der Drachen fliegen. Schorsch hält ihn an der Schnur fest. Der Wind wird immer stärker und trägt Schorsch mit dem Drachen beinahe in die Luft. Peppa kann ihn gerade noch festhalten. Aber dann hebt auch sie fast mit Schorsch zusammen ab. Doch Papa Wutz hält beide sicher auf dem Boden.

Dann übernimmt er den Drachen.

„Höher, höher", jubelt Peppa. Papa Wutz ist sehr gut im Drachensteigenlassen. Er kann ihn sogar einen Bogen fliegen lassen. Peppa und Schorsch staunen.

„Pass auf die Bäume auf! Der Drachen könnte sich verfangen", warnt Mama Wutz.

„Ich weiß, was ich tue", ist sich Papa Wutz sicher. Oje – schon ist es passiert: Der Drachen hängt im Baum fest. Dann reißt auch noch die Schnur, als Papa Wutz versucht, ihn herunterzuziehen. Was nun? Alle laufen zum Baum. Während Papa überlegt, würden Peppa und

Schorsch zu gerne in die große Matschepfütze unter dem Baum hüpfen. Aber Mama erlaubt es nicht.
„Nein, dann seid ihr gleich ganz dreckig."
„Abstand halten bitte", grunzt jetzt Papa Wutz. Er klettert mutig auf den Baum. Mama Wutz hat ein bisschen Angst um ihn. Ist er nicht viel zu schwer für den Ast, an dem der Drachen hängt?
Da – jetzt hat Papa Wutz den Drachen befreit.
„Hurra!", ruft Peppa laut.
„Woah!", ruft Papa Wutz laut – und fällt vom Ast direkt in die große Matschepfütze. Wie das spritzt – Peppa, Schorsch und Mama sind voll mit Dreck. Was für eine Schweinerei! Zum Glück hat Papa Wutz sich nicht verletzt – und der Drachen sich auch nicht.
„Können wir jetzt nicht doch in der Matschepampe herumhüpfen?", fragt Peppa.
„Ja", lacht Mama Wutz, „schmutziger könnt ihr wohl kaum werden."
Und dann hüpfen sie alle gemeinsam vergnügt in die Matschepfütze.
Was für ein schöner Tag!

Feine Geschenke

Du brauchst:

Zutaten Teig:

- 250 g Butter, 500 g Mehl, 200 g Zucker, 3 Eier, 1 Prise Salz

Verzierung:

- Nugatcreme, weiße und dunkle Schokolade, Marzipan, Zuckerperlen

Außerdem:

- Backpapier, Nudelholz, Ausstechformen

1. Vermenge die Teigzutaten in einer Rührschüssel. Rolle dann den Teig auf einer bemehlten Fläche etwa 0,5 cm dick aus.

2. Stich den Teig mit unterschiedlichen Förmchen aus. Lege die Kekse auf ein mit Backpapier ausgelegtes Blech und backe sie im vorgeheizten Backofen bei etwa 175 Grad, bis sie sich leicht braun färben.

3. Lass die Kekse abkühlen. Bestreiche sie dann mit Nugatcreme und schichte mehrere aufeinander.

4. Schmilz weiße und dunkle Schokolade im Wasserbad. Bestreiche damit die Keksstapel.

5. Schneide das Marzipan in Streifen. Lege die Streifen zu einer Schleife um die Keksstapel. Verziere die Päckchen zum Schluss mit Zuckerperlen. Fertig!

15.

Picknick

Heute ist ein herrlicher Tag für ein Picknick. Papa Wutz trägt den Picknickkorb ins Auto. Auch Mamas Erdbeerkuchen hat er eingepackt. Auf einer Wiese finden sie einen guten Platz.

Mama Wutz breitet die Picknickdecke aus.

„Wir sollten ein bisschen Sport treiben“, schlägt Papa Wutz vor. Aber keiner außer ihm hat Lust dazu.

Jetzt wird erst mal gegessen – mmh, belegte Brote. Auf einmal ist Papa Wutz ganz müde und legt sich hin.

„Wolltest du nicht Sport treiben?“, fragt Mama Wutz.

„Später …“, murmelt Papa Wutz noch, dann schnarcht er auch schon.

Peppa und Schorsch haben einen Ententeich entdeckt. Sie verfüttern ihr ganzes Brot an die Enten, aber die scheinen noch nicht satt zu sein.

„Tut mir leid, Frau Ente, ich hab nichts mehr“, entschuldigt sich Peppa und läuft zur Picknickdecke zurück. Die Enten watscheln hinterher.

Papa Wutz schnarcht noch immer.

„So viel zu den Sportübungen“, schmunzelt Mama Wutz.

Papa Wutz schreckt hoch, als die Enten jetzt quakend heranwatscheln. Ob sie vielleicht etwas von der Erdbeertorte abbekommen können? Mal sehen …

Peppa, Schorsch, Mama und Papa haben Heißhunger auf den Erdbeerkuchen, doch eine freche Wespe schwirrt um Mama Wutz herum.

„Halt still!“, grunzt Papa Wutz. „Dann fliegt sie weg.“ Das tut die Wespe dann auch.

„Siehst du, man muss nur still halten“, sagt Papa Wutz zufrieden – bis die Wespe vor seiner Nase herumfliegt! Wütend rennt er weg, den Kuchenteller noch in der Hand.
„Ich hoffe, die Wespe sticht Papa nicht“, meint Peppa.
„Niemals! Er rennt viel zu schnell“, lacht Mama Wutz. Dann essen die drei schnell ihren Kuchen – bevor die Wespe zurückkommt. Gerade haben sie alles verputzt, als die Enten sich quakend melden. Die hat Peppa ja ganz vergessen!
Da kommt Papa Wutz außer Atem zurück, ohne Wespe.
„Du hast ja gesagt, du wolltest Sport treiben, Papa Wutz“, begrüßt ihn Mama Wutz lachend.
„Wie gut, dass ich meinen Kuchen nicht verloren habe!“, grunzt Papa Wutz und will endlich in sein Stück hineinbeißen.
„Halt, Papa!“, ruft Peppa. „Die Enten haben noch nichts bekommen.“ Nur ungern gibt Papa Wutz seinen Kuchen ab, damit Peppa die Enten füttern kann. Haben die ein Glück! Dafür quaken sie aber auch zum Dank und zum Abschied besonders schön, als das Picknick ein Ende hat. Und Papa drückt noch einmal auf die Hupe.

Weihnachts-Schnappschuss

Huch, was ist denn hier passiert?! Ein paar Teile sind aus diesem lustigen Weihnachts-Schnappschuss gepurzelt. Weißt du, welches Teil an welchen Platz gehört?

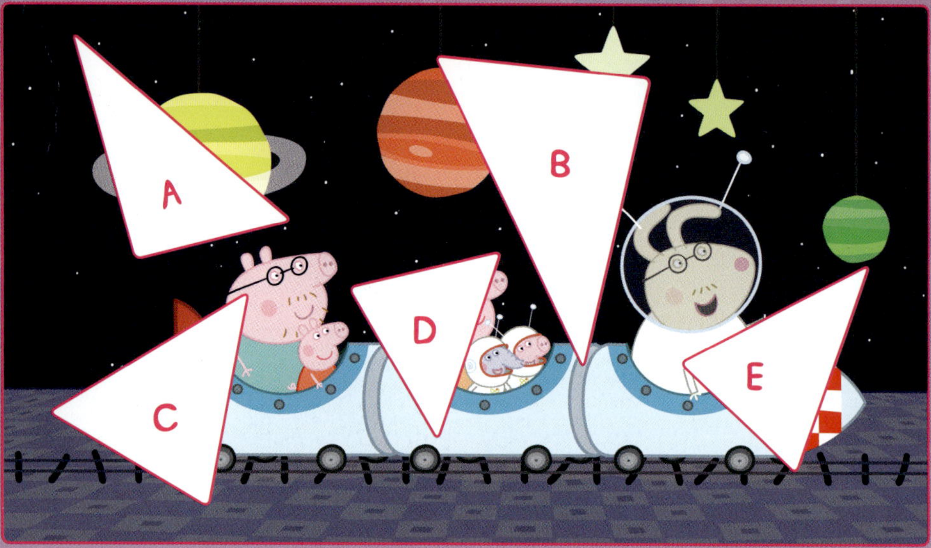

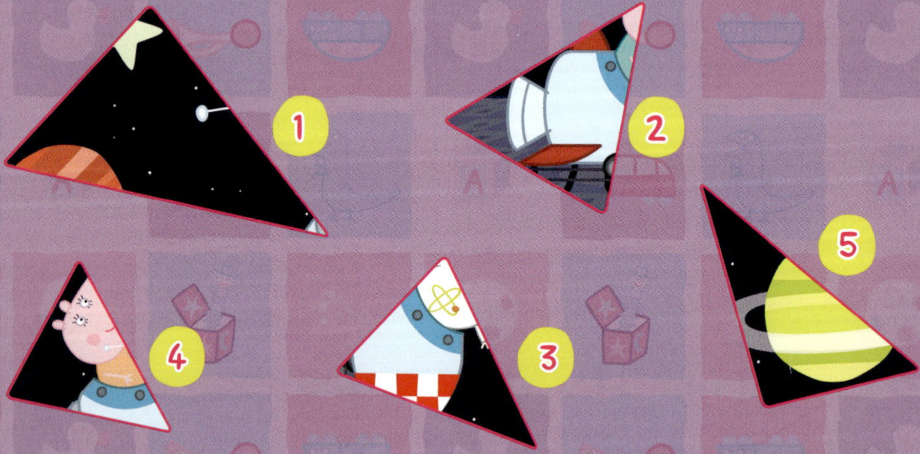

16.

Musikinstrumente

Mama und Papa Wutz haben auf dem Dachboden eine Kiste voller alter Musikinstrumente gefunden. Die zeigen sie jetzt Peppa und Schorsch.

„Auf der Geige habe ich gespielt, als ich noch klein war", erzählt Mama Wutz. Natürlich muss sie etwas vorspielen. Und es klappt noch sehr gut.

„Bravo, hurra!", rufen Peppa, Schorsch und Papa Wutz.

Peppa möchte auch mal spielen, aber oje – ihr Geigenspiel klingt lausig. Jetzt ist Schorsch dran und haut mit dem Geigenbogen auf die Saiten.

Oh – das klingt auch nicht viel besser!

Papa Wutz gibt Peppa eine kleine Trommel – vielleicht klappt es damit.

„Danke, Papa", freut sich Peppa und trommelt los. Das klingt viiieeel besser. Peppa spielt großartig.

Inzwischen hat Mama Wutz Papas altes Akkordeon aus der Kiste geholt.

„Das habe ich gespielt, als ich Mama kennengelernt habe", grunzt Papa Wutz und drückt die Tasten. Eine schöne Melodie ertönt und Mama Wutz ist hingerissen.

Schorsch will auch mal Akkordeon spielen. Aber das ist sehr schwer.

„Schorsch, das Akkordeon ist fast so schwer zu spielen wie meine Trommel", sagt Peppa wichtig.

Aber Schorsch will es unbedingt probieren. Leider klingt sein Versuch gar nicht gut – quiiieeetsch!

Papa Wutz hat noch ein großes Horn in der Kiste gefunden. Peppa will es zuerst damit versuchen.
„Du musst feste pusten“, erklärt Papa Wutz.
Peppa pustet, bis sie einen roten Kopf bekommt und keine Luft mehr hat, aber es kommt kein Ton heraus.
„Das geht gar nicht!“, schimpft sie.
Auch Mama schafft es nicht, dem Horn einen Ton zu entlocken.
„Ho, ho, ho, dafür muss man wohl schon so stark und groß sein wie ich“, lacht Papa Wutz, pustet, aber … es passiert nichts. „Peppa hat recht. Es geht wirklich überhaupt nicht“, ächzt Papa Wutz.
„Macht nichts, Papa Wutz, spiel weiter Akkordeon. Das machst du wunderbar“, bittet Mama Wutz.
Jetzt spielt Papa Wutz Akkordeon, Mama Wutz die Geige und Peppa die Trommel. Es klingt sehr schön zusammen. Und was soll Schorsch spielen?
Auf einmal ertönt ein lautes Geräusch: „Trööööt!“ Schorsch bläst tatsächlich das Horn! Stolz grinst er Mama, Papa und Peppa an und macht es gleich noch einmal: „Trööööt!“ Jetzt können sie doch noch alle zusammen musizieren – und weil so schönes Wetter ist, machen sie noch einen Musikmarsch durch den Garten. Draußen klingt es noch mal so schön.

Hübscher Stiftehalter

Du brauchst:
- leere Gefäße, z. B. Konservendosen
- doppelseitiges Klebeband
- Stoff
- Stoffbänder
- Perlen
- Schere

1. Umhülle ein leeres Gefäß ringsherum mit doppelseitigem Klebeband.

2. Beklebe das Gefäß nun mit Stoff. Lass oben und unten ein Stück überstehen.

3. Schlage den überstehenden Stoff um. Klebe ihn am Boden des Gefäßes und an der Innenseite fest.

4. Befestige ein Band an deinem Stiftehalter und verziere ihn mit Schleifen oder Perlen. Fertig!

17.

Frösche, Würmer, Schmetterling

Peppa und Schorsch helfen Opa Wutz im Garten. Ein wunderschöner Schmetterling fliegt gerade um sie herum und landet auf einer Blume.

„Opa, warum mögen Schmetterlinge Blumen?“, will Peppa wissen.

„Sie finden darin ihre Nahrung“, erklärt Opa. „Mit ihrer langen Zunge trinken sie Nektar aus den Blumen wie mit einem Strohhalm.“

Jetzt landet der Schmetterling genau auf Peppas Bauch, fliegt von da weiter auf ihre Nase und schließlich in die Luft.

„Er sieht so hübsch aus“, bewundert ihn Peppa. „Ich wäre gern ein Schmetterling.“ Dann hüpft sie über die Wiese und wedelt mit den Armen – wenigstens kann sie ja so tun, als wäre sie ein Schmetterling.

Schorsch wäre auch gern ein Schmetterling.

Aber Peppa protestiert: „Schorsch, ich bin der Schmetterling! Du musst ein anderes Tier sein!“

Aber welches? Peppa schaut sich um.

„Ich weiß! Du kannst ein Ringelwurm sein!“, ruft sie und hält Schorsch einen kleinen Wurm vor die Nase.

Aber Schorsch hat keine Lust, ein Ringelwurm zu sein, und weint laut.

Opa tröstet ihn: „Als ich ein kleines Ferkel war, hab ich mir oft vorgestellt, ich sei ein Wurm.“ Und dann zeigt er Schorsch, wie einfach Wurm spielen ist: auf den Boden legen, sich auf dem Bauch vorwärts ringeln – fertig.

Es macht viel mehr Spaß, Ringelwurm zu spielen, als Schorsch dachte. Das bemerkt jetzt auch Peppa. Dann will sie auch lieber ein Ringelwurm sein statt ein Schmetterling. Schwups, liegt sie auf

dem Bauch und ringelt mit Opa und Schorsch über die Wiese.
„Ich bin ein Ringelwu-urm, mir geht es gu-ut!", singt sie fröhlich vor sich hin.
„Was für ein Tier wollt ihr jetzt sein?", fragt Opa nach einer kurzen Pause. Da hüpft ein kleiner Frosch vorbei. „Warum spielt ihr nicht Frosch?", schlägt Opa vor.
„Frösche sind weder wunderschön noch so süß wie Würmer", nörgelt Peppa.
„Aber sie spielen dasselbe wie ihr", meint Opa.
Peppa überlegt: Spielen Frösche mit Puppen? Quatsch! Aber sie hüpfen gerne im Matsch herum – wie Peppa!
„Los, Schorsch – wir spielen Frosch!", jubelt Peppa. Dann springen sie dem Frosch hinterher, von einer Matschepfütze zur nächsten. Zum Schluss entdecken sie eine so große Pfütze, in der sogar Opa mithüpfen kann. Was für ein Spaß!
„Schmetterlinge und Würmer mag ich, aber Frösche mag ich am allerliebsten!", ruft Peppa.
„Quak, quak!", ruft der Frosch.

Weihnachtsalphabet A – K

A die Apfelsine, der Adventskranz, der Adventskalender

B der Bratapfel, die Bescherung, Bethlehem

C der Christbaum, das Christkind, der Christkindlmarkt

D der Duft, die Dekoration

E der Engel, das Engelshaar

F das Festessen, das Familienfest, die Ferien

G der Gänsebraten, der Glühwein, das Geschenk

H der Honigkuchen, die Heimlichkeit, der Heiligabend

I der Ingwer

J der Jubel, Jesus, Josef

K die Kerze, der Kamin, das Krippenspiel, die Kugel

18.

Verkleiden

Peppa und Schorsch haben im Schlafzimmer von Mama und Papa Wutz eine Kiste mit alten Kleidern entdeckt.

„Schorsch, sollen wir uns als Mama und Papa verkleiden?“, ruft Peppa begeistert.

Na klar! Papas Hut und Papas Mantel sind für Schorsch, Peppa zieht Mamas schickes Kleid und den Hut mit der Feder an. Fehlen noch die Schuhe. Schorsch bekommt welche von Papa und Peppa natürlich Stöckelschuhe von Mama.

„Jetzt muss ich mich schön machen“, verkündet sie Schorsch. Peppa hat Mamas Schminkkästchen gefunden. Mit Puder und Lippenstift schminkt sie sich.

„Mama Wutz ist sooo schön“, seufzt Peppa, als sie in den Spiegel schaut.

Dann besuchen Peppa und Schorsch Mama Wutz. Sie arbeitet im Büro am Computer.

„Hallo Peppa! Hallo Schorsch!“, grüßt sie.

„Wie bitte? Ich bin nicht Peppa, ich bin Mama!“, erklärt Peppa.

„Ach so! Hallo Mama Wutz!“, grüßt Mama noch einmal. Und sagt dann auch „Guten Tag, Papa Wutz“ zu Schorsch.

„Entschuldigt mich“, sagt Peppa hoheitsvoll und setzt sich auf Mamas Schoß. „Ich habe noch eine Menge zu tun.“ Sie spricht ins Telefon und tippt wild auf der Tastatur herum.

Peppa genießt es, Mama Wutz zu spielen. Aber Schorsch langweilt sich. Zeit, Papa Wutz zu besuchen. Er gräbt im Garten ein Loch.

„Hallo Peppa! Hallo Schorsch!“, grüßt auch er.

„Wieso Peppa?“, fragt Peppa. „Ich bin Mama Wutz und das ist Papa

Wutz." Dabei zeigt sie auf Schorsch, der eine kleine Schaufel mitgebracht hat. „Papa Wutz will hier arbeiten."
Schorsch beginnt sofort zu buddeln. Das ist wirklich ein tiefes Loch. Und wenn man darin grunzt, hallt es schön laut. Das will Peppa auch ausprobieren und hüpft hinterher.
Da kommt Mama Wutz in den Garten.
„Eiscreme für alle!", ruft sie. Sofort klettern Peppa und Schorsch aus dem Loch.
„Peppa, Schorsch, zieht die dreckigen Klamotten aus, bevor ihr esst!", bittet Mama.
Peppa ist genervt. „Ich bin Mama und das ist Papa!", beharrt sie.
„Oh, und wo sind Peppa und Schorsch?", will Mama Wutz wissen.
„Weiß ich nicht!", meckert Peppa.
„Zu schade", bedauert Mama. „Ich hab nämlich ihr Lieblingseis gekauft. Aber wenn sie nicht da sind …"
In null Komma nix haben Peppa und Schorsch ihre Verkleidung abgelegt.
„Hier sind wir!", ruft Peppa. „Wir haben uns doch nur verkleidet."
„Da habt ihr uns wohl reingelegt", grunzt Papa Wutz lachend – und dann können alle ihr Eis schlecken.

Weihnachtsalphabet L–Z

L der Lebkuchen, der Lichterglanz, das Lametta

M die Mandel, der Mistelzweig, Maria

N der Nussknacker, der Nikolaus, der Nordpol

O Oh Tannenbaum

P der Pfefferkuchen, die Plätzchen, der Punsch

Q/R das Räuchermännchen, das Rentier Rudolph

S der Stollen, der Schnee, der Schlitten, der Strohstern

T die Tanne, das Türchen, die Tradition

U/V die Vanille, die Vanillekipferl, die Vorfreude

W der Winterwald, der Weihnachtsmann, der Wunschzettel

X/Y/Z der Zimt, der Zimtstern, das Zuckergebäck

19.

Kunterbunte Knusperkekse

Du brauchst:

Zutaten Teig:

- 200 g Weizenmehl, 1 Messerspitze Backpulver, 80 g Zucker, 1 Päckchen Vanillezucker, 1 Prise Salz, 1 Ei, 100 g weiche Butter oder Margarine

Verzierung:

- 100 g Puderzucker, etwa 4 Tl Wasser, bunte Zuckerstreuse

Außerdem:

- Backpapier, Nudelholz, Ausstechformen

1. Gib alle Zutaten in eine Rührschüssel und verarbeite sie mithilfe eines Knethakens zu einem Teig.

2. Rolle den Teig auf einer bemehlten Fläche etwa 0,5 cm dick aus. Tipp: Falls der Teig zu weich ist, wickle ihn in Frischhaltefolie und lege ihn etwa 30 Minuten in den Kühlschrank.

3. Stich Plätzchen mit deinen Lieblingsmotiven aus und lege sie auf ein mit Backpapier ausgelegtes Blech. Backe die Kekse im vorgeheizten Backofen bei etwa 200 Grad circa 10 bis 12 Minuten. Lass sie anschließend auskühlen.

4. Verrühre Puderzucker mit Wasser zu einem dickflüssigen Guss. Bestreiche die Plätzchen mit dem Guss und bestreue sie mit bunten Zuckerstreuseln.

20.

Schöne Bescherung!

Da staunt Peppa nicht schlecht! Zu Weihnachten hat sie von all ihren Freunden tolle Geschenke bekommen. Eines der bunten Päckchen ist sogar doppelt. Weißt du welches?

21.

Schillernde Glocke

Du brauchst:
- 1 Blumentopf (Durchmesser etwa 7 cm)
- goldenen Acryl-Glanzlack
- dicke Kordel (etwa 25 cm lang)
- dünne Kordel
- Satinband
- Holzperle
- bunte Glitzersteine
- Schere, Kleber, Pinsel

1. Male den Blumentopf und die Holzperle mit dem Glanzlack an.

2. Nimm die dicke Kordel doppelt und fädle die beiden Enden durch das Loch im Blumentopf. Verknote die Kordeln im Inneren, damit sie nicht wieder herausrutschen können.

3. Schneide ein Stück von der dünnen Kordel ab. Es sollte ein bisschen länger sein, als der Blumentopf hoch ist. Ziehe die dünne Kordel durch die Holzperle und mach einen Knoten darunter. Knote das andere Ende an der dicken Kordel im Inneren des Blumentopfes fest.

4. Binde aus Satinband eine Schleife als Zierde um die dicke Kordel. Verziere die Glocke außen noch mit bunten Glitzersteinen. Fertig!

1.

2.

3.
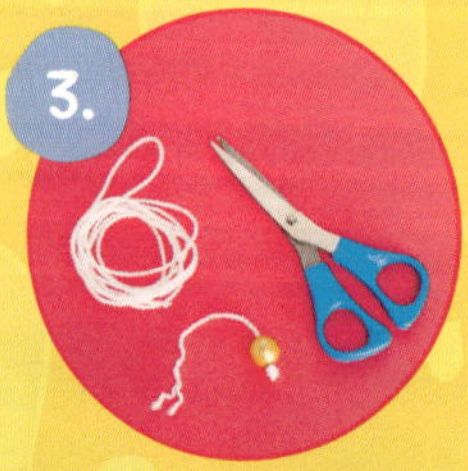

4.

22.

Die Zahnfee

Peppa und Schorsch verschmausen zum Abendessen Spaghetti. „Fertig", ruft Peppa gerade, als etwas auf ihren Teller plumpst. Was ist das?
„Ein Zahn", schmunzelt Papa Wutz. Wo ist der bloß hergekommen?
„Peppa, schau doch mal in den Spiegel!", lacht Mama Wutz.
Da ist ja eine Zahnlücke in Peppas Mund. Sie hat ihren ersten Milchzahn verloren!

„Ganz bestimmt kommt die Zahnfee dich bald besuchen", meint Mama Wutz.
„Die Zahnfee?", staunt Peppa.
„Ja, wenn du deinen Zahn unter dein Kopfkissen legst, kommt heute Nacht die Zahnfee. Sie holt sich deinen Zahn und legt dir dafür einen Goldtaler unter das Kissen."
Das findet Peppa gut. „Wenn ich groß bin, will ich eine Zahnfee sein", erklärt sie.
Jetzt kann Peppa aber gar nicht schnell genug ins Bett kommen. Sie will die Zahnfee auf keinen Fall verpassen. Beim Zähneputzen schrubbt sie sogar den ausgefallenen Zahn sehr gründlich, damit er hübsch und sauber ist für die Zahnfee.
Im Bett legt sie den Zahn unter das Kissen.
„Schlaft gut, Peppa und Schorsch", verabschieden sich Mama und Papa Wutz. Aber schlafen will Peppa überhaupt nicht.
„Lass uns die ganze Nacht wach bleiben", sagt sie zu Schorsch.
„Ich will die Zahnfee sehen."
Schorsch kichert und ist einverstanden. Dann warten sie und warten und warten …
Die Zahnfee lässt sich wirklich Zeit.
„Wo bleibt diese Zahnfee?", stöhnt Peppa. Da hört sie ein leises

Geräusch: Chapü, chapü … Ob das die Zahnfee ist? Ach nein – es ist nur Schorsch. Er ist einfach eingeschlafen!
„Schorsch ist wirklich überhaupt nicht gut im Wachbleiben", murmelt Peppa sauer und gähnt leise. „Ich schon, ich werde wach bleiben, ich werde nicht einschla…"
Die Zahnfee ist da – aber Peppa schläft tief und fest!
Bis eine fröhliche Stimme sie weckt: „Peppa, Schorsch, wacht auf! Guten Morgen!", ruft Mama Wutz. Peppa schreckt hoch.
„Ich hab doch gar nicht geschlafen", grunzt sie.
„War die Zahnfee da?", fragt Papa Wutz.
„Nein!", schimpft Peppa.
Oder vielleicht doch? Papa Wutz hebt Peppas Kissen hoch – und darunter glänzt tatsächlich ein Goldtaler! Die Zahnfee war doch da!
„Hurra!", jubelt Peppa.
„Du hast also doch geschlafen, oder?", schmunzelt Mama Wutz.
„Oh, ähm, also, vielleicht", stottert Peppa. „Aber nur ein kleines bisschen! Beim nächsten Mal bleib ich aber wach! Und dann werde ich die Zahnfee bestimmt sehen."

Glitzernde Sternenanhänger

Du brauchst:

- Tonpapier
- Transparentpapier
- Deko-Glitter
- Faden
- Bleistift
- Schere
- Klebestift
- Locher

1. Lege das Transparentpapier auf die Sternvorlage. Zeichne die Linien mit einem weichen Bleistift nach.
2. Wende das Transparentpapier. Lege es auf Tonpapier und fahre die Linien noch einmal nach.
3. Wiederhole diesen Schritt, damit du am Ende mehrere Sterne hast. Schneide sie mit der Schere aus.
4. Bestreiche die Sterne mit Klebestift und streue Deko-Glitter darüber.
5. Mache mithilfe des Lochers ein Loch in einen Zacken des Glitzersterns und fädle ein Stück Faden durch. Verknote es – fertig!

23.

Das neue Auto

Heute macht Familie Wutz einen Ausflug in ihrem roten Auto. „Wollen wir ohne Verdeck fahren?“, schlägt Papa Wutz vor. Na klar! Papa Wutz rollt das Verdeck ein. Dann kann es losgehen.
„Ich mag unser Auto“, meint Peppa.
„Und unser Auto mag uns“, ergänzt Papa Wutz und drückt auf die Hupe.
Auf einmal ruckelt das Auto und macht merkwürdige Geräusche. Papa Wutz hält an und schaut unter der Motorhaube nach, aber er kann nichts finden.

„Wir bringen es zu Opa Wuff in die Werkstatt“, sagt Mama Wutz.
Opa Wuff kennt sich mit Autos bestens aus. Er kann es bestimmt reparieren, aber das wird den ganzen Tag dauern.
„Oh – wir wollten doch heute einen Ausflug machen“, quiekt Peppa enttäuscht.
„Kein Problem, ihr könnt gerne solange dieses neue Auto ausleihen“, wufft Opa Wuff und zeigt auf ein funkelndes blaues Auto. Hurra!
„Wollt ihr ohne Verdeck fahren?“, fragt Opa Wuff. Dann drückt er auf einen roten Schalter und das Verdeck fährt automatisch ein. Was für ein erstaunliches Auto! Familie Wutz fährt begeistert los.
„In diesem Auto gibt es aber viele Schalter“, staunt Papa Wutz.
„Wozu ist der grüne Schalter?“, will Peppa wissen. Papa drückt kurz drauf und …
„Zauberfenster!“, jubelt Peppa, als die Scheiben automatisch hoch- und runterfahren. Beim blauen Schalter ertönt laute Musik, wenn man ihn drückt.

Auf einmal beginnt es zu regnen. Welcher ist bloß der Verdeckzu-Schalter?
Rosa? Nein, das ist die Hupe. Orange? Oh nein, das sind die Scheibenwischer mit der Wischanlage. Beim gelben Schalter springt die Motorhaube auf. Papa Wutz ist völlig durcheinander. Das Auto blinkt mit den Scheinwerfern, die Musik lärmt und jetzt geht auch noch eine Tür von alleine auf. Oje!
„Versuchen wir den roten Schalter“, sagt Mama Wutz. Endlich geht das Verdeck zu. Aber jetzt regnet es nicht mehr! Zum Glück wissen Mama Wutz, Peppa und Schorsch noch, welcher Schalter es war – der rote natürlich. So geht das Verdeck wieder auf.
Als sie zu Opa Wuffs Werkstatt zurückkommen, ist das rote Auto repariert. Papa Wutz bedankt sich und bezahlt bei Opa Wuff. Jetzt können sie nach Hause fahren.
„Ach, unser altes Auto ist doch das beste!“, findet Papa Wutz.
„Ich mochte das neue“, meint Peppa. „Aber unser altes Auto mag ich lieber.“
„Und ich glaub, unser altes Auto mag uns“, sagt Papa Wutz zufrieden und hupt laut.

Kuscheliger Untersetzer

Du brauchst:
- etwa 80 kleine Filzkugeln (Durchmesser 1 cm)
- festen Filzstoff
- Nadel und Faden
- Klebstoff

1. Schneide ein Stück Faden ab und mache in ein Ende einen Knoten. Fädle das andere Ende durch das Nadelöhr. Stich mit der Nadel durch die Filzkugeln und ziehe diese bis ans Ende des Fadens.

2. Fädle nun alle Filzkugeln auf, sodass eine lange Schlange entsteht. Nach der letzten Kugel machst du wieder einen Knoten.

3. Lege die Kugelkette zu einer Schnecke. Schneide aus festem Filzstoff einen Kreis aus, der so groß ist wie deine Schnecke, und bestreiche ihn mit Klebstoff. Klebe ihn auf die Schnecke – fertig!

24.

Peppas Weihnachten

Endlich ist Heiligabend. Peppa und Schorsch wollen heute früh ihre Wunschzettel an den Weihnachtsmann abschicken, denn in England, wo Peppa lebt, bekommen die Kinder ihre Geschenke am Morgen des ersten Weihnachtstages.

Unterwegs zum Briefkasten treffen sie Peppas Freunde. Sie wollen auch ihre Wunschzettel abschicken. Luzie Locke wünscht sich einen Roller, Klausi Kläff ein Raumschiff, Pedro Pony eine Gitarre, Emily Elefant eine Spielzeugmaus, Molly Mieze ein Springseil, Luisa Löffel eine Trompete, Zoe Zebra einen Tennisschläger und Schorsch eine Eisenbahn. Und Peppa?

„Ich wünsche mir ein Jo-Jo!", ruft sie und steckt den Brief in den Kasten.

Zu Hause schmücken Peppa, Schorsch, Mama und Papa Wutz den Weihnachtsbaum mit Lametta, Kugeln, Lichterketten und einem funkelnden Stern auf der Spitze.

„Aber der Weihnachtsmann kommt nicht, bevor ihr nicht im Bett liegt und schlaft", mahnt Mama Wutz.

„Ich hoffe, die Wunschzettel sind alle angekommen", quiekt Peppa aufgeregt. Sie weiß noch genau, was sich jeder gewünscht hat.

Wenig später schlafen Peppa und Schorsch tief und fest, bis …

„Rrrummms!" Ein lautes Geräusch weckt sie auf. Klingt, als ob jemand auf dem Dach herumtrampelt. Tatsächlich – der Weihnachtsmann! Er hat einen großen Sack mit Geschenken dabei und eine Namensliste. Oh nein – ein Windstoß weht ihm die Liste aus der Hand, als er in Peppas Schornstein steigt.

Peppa und Schorsch haben sich ins Wohnzimmer geschlichen und bestaunen den Besucher. Fröhlich gibt der Weihnachtsmann ihnen ihre Geschenke. Aber öffnen dürfen sie sie erst morgen früh!

Woher weiß der Weihnachtsmann bloß, welches Geschenk für welches Kind ist?

„Ich habe eine Liste …“, erklärt er. „ … äh, die ich verloren habe“, fügt er traurig hinzu.
Peppa kann helfen: Sie hat sich doch die Wünsche ihrer Freunde genau gemerkt!
Am nächsten Morgen packen Peppa und Schorsch begeistert ihre Geschenke aus: eine Eisenbahn für Schorsch und ein Jo-Jo für Peppa. Hurra!
Da klingelt es an der Tür. Alle Freunde von Peppa sind da. Und alle haben bekommen, was sie sich gewünscht haben.
„Der Weihnachtsmann ist sehr schlau“, findet Luzie Locke.
„Na ja, eigentlich habe ich ihm gesagt, was ihr alle euch gewünscht habt“, erklärt Peppa.
„Erzähl keinen Quatsch!“, bellt Klausi Kläff.
In dem Moment kommen Oma und Opa Wutz zu Besuch.
„Frohe Weihnachten!“, wünscht Opa Wutz. „Oh, was sind das denn für riesige Fußabdrücke im Schnee?“
„Und da sind noch mehr auf unserem Dach“, bemerkt Papa Wutz jetzt.
„Seht ihr, es ist wahr – ich habe den Weihnachtsmann gesehen“, ruft Peppa.
„Wow!“, murmeln ihre Freunde beeindruckt. Aber dann ist erst mal eine lustige Schneeballschlacht angesagt.
„Das ist das beste Weihnachten, das ich je hatte“, freut sich Peppa – und alle anderen auch. Frohe Weihnachten!

Schnelle Spiele zum Fest

Geschenke vorhersagen

Könnt ihr in die Zukunft blicken wie eine Wahrsagerin? Versucht es kurz vor der Bescherung. Jeder schreibt die Geschenke auf einen Zettel, von denen er glaubt, dass er sie heute bekommen wird. Der Zettel wird zusammengefaltet und in die Hosentasche gesteckt. Nach der Bescherung wird nachgezählt, wie viele Geschenke man richtig vorhergesagt hat.

Weihnachtslieder erraten

Dieses Spiel ist supereinfach: Ein Mitspieler sagt eine Textzeile aus einem Weihnachtslied, ohne es zu singen. Die anderen müssen das Lied erraten und es vorsingen. Wer den richtigen Liedtitel nennt und zudem die Melodie treffend vorträgt, darf die nächste Liedtext-Zeile aufsagen.